JN437832

금빛돌비늘의 떼

서용기 시집

문학의전당

自序

나의 시는 푸른 가시 밤송이였으나
이제 가시 갑옷 벗어버리고
함박눈 소리 없이 내리는 겨울 밤
헤어지기 아쉬운 그대에게 줄
마분지 봉투 불룩한
화로에서 갓 나온 밤톨이기를……

차례

1부

2부

3부

4부

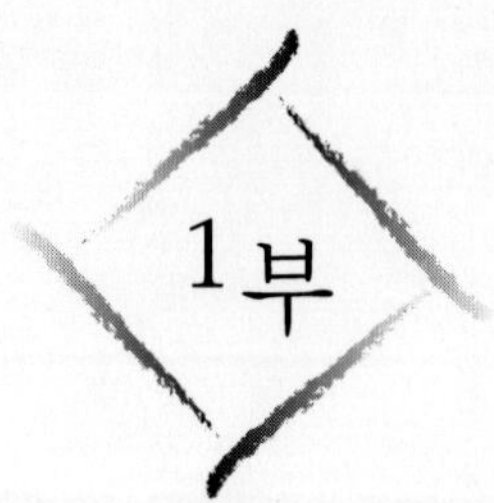
1부

달팽이

어딜 가든 제 집 달고
밀고 다니는 달팽이
제 집 무게 버거워
느릿느릿 세상 여행하네
한참을 가도 그 자리
또 한참을 가도 그 옆 자리
땅에서 나무까지
나무에서 잎까지
얼마나 오랜 적요인가
제 몸 오므렸다 폈다 하는 동안
허공에 떠있는 돛배 같은
초록 잎에 도착했네

나무 빨래판

변기에 앉아 똥을 눌 때마다
나를 빤히 바라다보는 납작한
외눈박이 열대어인 그는
초승달 무늬 비늘 사이사이
검버섯 때가 끼어있었다
저 때는 누구의 것일까
손빨래만 하였던 어머니,
펌프 샘물도 아깝다고
흐르는 물에 빨아야 때 잘 진다고
고무대야 가득 일곱 식구 옷가지
산물 흐르는 시냇가로 가선
박달나무 표피 다 닳도록
빨래판에 벅벅 비벼대고 주무르면
서른셋 골마다 일어서던 바람소리
한 덩이 똥을 누는 순간
수상한 검은 안개는
그의 가슴을 휘감고 있었다
우리들의 피곤한 삶 한 켠
무르익은 더께 걷어낸 채
늘 상쾌하게 휘파람불던 그는

인제 아파트 화장실에 꼿꼿이 서
바다로도 가지 못하고
산으로도 가지 못하고
똥을 떠나보내는 용변기 레버를 누를 때
쏴아– 파도 같은 물소리만 엿듣다가
이따금 가지런한 제 비늘 부르르 떨다가
금방이라도 진한 눈물 흘릴 듯한
외눈박이 그의 휑한 눈을 보았다

금빛돌비늘의 떼

내 몸 점점 낡아지면서
켜켜이 달라붙은 비늘 떨어져나가
바람에 날리기도 하고
물살에 떠밀려가기도 하여
반짝반짝 금빛 일렁이는
산 아래 모래사장이 되었다

내 온전한 몸뚱이 생각하면
한없이 서러운 건
억겁 세월의 풍파이지만
무엇을 탓하랴
이미 낮은 곳으로
떠밀려왔거늘

비록 내 전신
산산조각 가루가 되었으나
그래도 금빛 간직할 수 있음으로
행복하다

이 낮은 사장에서도

빛과 더불어
세상을 밝게 하는 힘은 있나니
저 드넓은 모래톱에 널브러질
밤낮 해맑은 나의 웃음소리

징검다리

징검다리를 건너다
어지러운 물길 속
별처럼 박혀있는 징검돌을 보았다
물이 자꾸만 떠밀어내도
제 자리를 지키고
물결이 너무 고아
돌의 고통 환히 보인다
저들도 깨지면 떠내려갈 것을
하나로 단단히 뭉쳐
제 무게로 버티고
물속 길이 되었구나

새의 목욕

날카로운 부리로
제 온몸을 쑤셔 대곤
허공에 전신을 맡겨
바람으로 몸을 헹구는 새
색 고운 깃털
사방을 키질하는 날개
그 정갈함
우리들은 품으로
더운 물에 몸 불리고
때를 밀며
비누칠을 해도
마음의 때는 다 어쩌지 못하는데
속과 겉의 때
나뭇가지에 앉아 있을 때마다
부리로 쪼아
바람 속에서 몸을 헹구고
하늘을 날아가는
나는 허공에서
목욕하는 새를 보았다

뿌리의 나라

하늘도 보이지 않고
앞뒤 분간할 수 없는
깊은 어둠의 수렁이다
숨소리 죽인 채
천정에 귀 기울이면
쿵쾅쿵쾅 저 요란한 소리
뿌리의 사직은
고요만이 권력이다
세상 밖 바람이 불어도
바람 한 점 없는 샛길
바람이 그립다고
밤마다 제 몸 뒤척이는 모래,
흙과 모래는 서로 등을 떠밀어
바람을 인도한다
단단한 지층에서 바람이 분다
뿌리는 술처럼 바람을 마시고
어허, 얼싸 춤을 춘다
세상 밖 몸뚱이도
제 몸 흔들어
한동안 궁금했던

뿌리의 안부를 묻는다

돌부처

단단한 돌의 힘살
누군가 정으로 때려
욱신거리는 근육통 앓게 하였을 것이다
한동안 몸살로 킁킁거리다가
제 몸속 아름다운 형상
수줍은 듯 드러내고 말았을 것이다
인제 더 이상 살찌지 않는 몸으로
우리들에게 알몸 드리운 돌부처
살찌시오, 살찌시오
우리들은 합장하고 소원을 빌지만
저 돌부처는 오기로 무장한 듯
밥 한 그릇 물 한 모금
제대로 먹지 않는구나

검불

해질 무렵 머리카락 희끗한 할아버지
반비알진 할머니 무덤 근처
밭두렁 검불 모아 불태우고 있었다
순간 확 타오르다가
등이 굽은 할아버지 허리춤에서
멈춘 불길, 흰 머리 풀고
허공에서 머리를 감듯
검불의 영혼만 하늘로 오르고 있었다
언 땅을 파서 검은 재마저 덮어주고
저 검불의 영혼들은 지상의
안부가 그리워 긴긴 겨울 밤마다
함박눈처럼 지상으로
자꾸만 내려오고 싶은 것일까?
우리들도 언젠가는 검불이 되리라
초록의 무게 어디로 흘러갔는지
몸도 가볍고 마음도 가벼운 할아버지
하늘까지 오르는데 힘들지 않겠다
검불은 봄마다
제 자리에 푸른 잎을 틔운다

천년부경룡

일억 사천만 년 전 거슬러 올라가면
기린을 닮은 그가 드넓은 초원에서
여유로이 풀 뜯어먹는다
일억 사천만 년 후에라도
이 땅에 숨어있는 하얀 뼈다귀
이 땅에 남아있는 발자국 찾아 달라
하늘만 쳐다보고 빌고 빌어
그토록 목이 길어진 것 아닐까?
이천 년 이월 이일
하동군 금성면 갈사리 앞 바다 작은 섬
비로소 그의 경추골 늑골 척추골 쇄골
하얀 뼈다귀 무더기 드러나고
그의 뼈에 배인 풋풋한 풀냄새
중생대 백악기 그의 모습 떠올려본다
더러는 파도가 그의 갈비뼈 훔쳐가고
더러는 바람이 그의 발자국 지워버렸는지 모른다
그러나 모국어의 이름으로
이 땅에서 그의 흔적을 찾기까지
일억 사천만 년이 걸렸다니
그는 불현듯 꼬리 흔들어

일억 사천만 년 세월을 일깨운다

나무의 생애

그는 태어나자마자 감옥으로 보내졌다
한 발짝도 움직일 수 없는 그의 감옥
그의 감옥은 높은 곳과 낮은 곳만 있을 뿐이다
이 세상에서 가장 거대한 창만 있을 뿐이다
그 창에서 쏟아지는 햇볕
그의 몸에 시원한 물을 뿌려주는 비
그의 몸 흔들어 때를 벗겨주는 바람
그는 창으로 자꾸 고개를 들이밀어
창 가까이에서 별을 보기도 하였다
어느 때인가 그를 풀어줄 간수는
기계톱으로 그의 아랫도리를 자르고 있었다
이미 반쪽이 감옥에 묻혀 있는 그는
감옥에서 보낸 정 너무 깊은 것인가
그가 잘리는 동안 흘리는 진한 눈물
비로소 그는 출옥하였으나
그의 감옥이 어머니 자궁이었구나

인도

보도블록 따라 길을 걷다 보면
이 길이 나를 인도할 것인가
물으며 또 물으며 길을 걸어도
알 수는 없네 어쩌면 처음부터
믿을 만한 길이 아니었는지 모른다
그저 가는 것은 사람이고
길은 누워 해찰만 부리고
어느 날 문득 길을 걷다가
아니 가로수 길을 따라 가다가
엉뚱한 길로 가면 어쩌나
가지 않아야 할 길로 가면 어쩌나
하면서 갔던 가보지 않았던 길
가끔씩 꿈꿀 수 없었던
새로운 무늬의 싱싱함
늘 오고가는 길 밖 밋밋한 색을 떠나
길눈 처음인 귀한 길 만나네

뿌리의 집

뿌리의 집은 너무 어둡다
어둠 속에서도 잘 견디는 뿌리
뿌리의 집은 전등을 달지 않는다
뿌리는 저마다 발끝에 눈을 달고
어두워도 제 길을 찾아간다
뿌리의 단단한 집을 뛰쳐나온 뿌리는
세상 밖에서 제 몸만 헐린다
모든 사물이 얼어붙은 영하의 겨울날에도
따뜻한 뿌리의 집에서
한 해의 수확을 떠올리기도 하고
봄의 외출을 꿈꾸며
뿌리의 혈관마다 싱싱한 자양을 감추기도 한다
뿌리의 집을 흔드는 세찬 바람
가끔씩 뿌리는 제 집을 떠나기도 하고
뿌리가 떠난 뿌리의 빈집에 남아 있는 상처
뿌리는 제 집을 지키며
생명 다하는 날까지 살기를 희망하지만
뿌리의 집을 떠난 뿌리들
뿌리의 집은 뿌리가 떠난 이후
뿌리의 차디찬 체온만 간직한 채

막장 같은 어둠 속으로 매몰된다
튼튼한 뿌리만을 그리워하는 뿌리의 집을
흰 눈송이만 하염없이 방문하고 있다

멸치액젓

바다의 구름 떼였던 우리들은
철없이 바다에서 뛰놀다가
어부들이 쳐놓았던 그물에
맥없이 걸려들고 말았다
그물 안에서 벗어나기 위해
온힘으로 발버둥쳤지만
그물코를 벗어날 수 없었다
어부들은 콧노래 부르며
그물에 갇힌 우리들을 끌어올릴 때
청자 빛 하늘을 처음 본 우리들은
고향이었던 바다를 바라보았다
요동거리는 간판에서 우리들의 몸뚱이는
거울처럼 은빛으로 빛나고
바람은 만선의 깃발을 나부끼며
배의 등을 밀어 포구에 닿게 하였다
우리들이 드럼 속에 갇힌 것은 언제인가
소금은 우리들의 몸속으로
링거액처럼 스며들고
수협 공판장에서 우리들의 맥박은
고장 난 시계가 되어 있었다

인제 우리들은 바다를 기억할 수 없었다
검푸른 바다가 그립기도 하였다
우리들의 활달한 친구들은
우리들이 떠난 그 빈자리 지키고 있겠지
바다는 이따금 우리들이 그리웠던지
파도를 일으켜 모래톱을 넘나들고
그때마다 등이 굽은 어부들은
바다 빛 소주를 들이켜고 있었다
어부들은 파도처럼 흔들거리며
처마 낮은 집으로 밤늦게 귀가하곤 하였다
우리들은 지하 콘크리트 탱크 속에
오래오래 감금되었다
우리들의 몸은 문드러지고
제 형체를 점점 잃어갔다
우리들은 콘크리트 감옥 안에서
가끔씩 멍석만 한 햇빛을 바라보며
하늘에게 바다의 안부를 묻기도 하였다
감옥은 늘 고요하였다
우리들은 어깨를 들썩거리며
이미 잊어버렸으나

저마다 간직하고 있는 소망
가슴에서 꺼내 하얀 뼈에 걸어놓았다
언제부턴가 우리들의 살은
토담 밑 봄눈처럼 녹아
검고 진한 바닷물이 되었다
파도소리 배인 물이 되어
감옥에서 풀려난 우리들
누군가 흙에서 금방 뽑아온 푸성귀에게
우리들을 방생하고 있었다

석가여래

약사사 대웅전 윗목에서
눈뜬 듯 눈감은 듯
찾아오는 사람들을 반기고 있었다
그는 처음 찾아오는 사람을 보아도
이미 어디선가 만났었다는 듯
그 사람의 안부를 묻고
그 사람의 소원을 듣는다
그를 찾아오는 사람들은
할 말 못할 말
말로 쏟아 놓고
안개처럼 사라지곤
그들이 남긴 말 때문에
긴 밤 잠 못 이루고
뜬눈으로 지새운 날도 많았다
약사사 대웅전 윗목에서
미련하나 끝끝내 쓰러지지 않는 그를
사람들은 미륵이라 말했다

詩 굽는 집

아파트 7층에서 인도를 바라다보면
'빵 굽는 집' 이 보인다

저 제과점 주인은
참 행복하겠다
빵 굽는 일로 생을 지내며
배고픔을 잊게 하고
먹는 즐거움만 선물하므로

우리 집은
시 굽는 집인데
시도 빚지 못하고
시도 굽지 못하고
더더욱 시에 굶주린 사람들에게
시를 줄 수 없으니
나는 참 불행하다

누군 사거리에서
마이크를 잡고
잘 살게 해 주겠으니

한 표 달라 하는데

언제쯤 나는 시 짓는 오븐에서
따끈따끈한 시 한 수 구워
인도를 걷는 사람들에게
구수하게 나누어 주랴

지게

나는 빈 지게를 지고 산에 갔었다
산에는 살아있는 지게 친구들이 있었다
지게 친구들은 소리 없이 노래를 불렀다
그 노랫소리에 나뭇잎 우수수 떨어졌다
나는 나뭇잎을 갈퀴로 모았다
산의 향기 품고 있는 나뭇잎 가득
지게에 싣고 추운 집으로 왔었다
아궁이 속에 나뭇잎을 태웠다
나뭇잎의 혼 굴뚝으로 빠져나갔다
하늘은 슬퍼서인지 너무 어둡고
나는 구들방에서 깊은 잠을 잤다
빈 마당에서 장승처럼 서 있는 지게
오랫동안 푸른 산만 응시하고 있었다

2부

세숫대야

어머니는 낡은 세숫대야
물이 새는 구멍을 은박지로 막았다
어느 날부턴가 세수가 끝날 때까지
세숫물은 그대로 있었다
수명이 다한 그 세숫대야
불평도 없이
쨍그랑거리며 수돗가에 앉아
멍하니 하늘을 쳐다보기도 하고
제 몸에 물이 채워지기를
온종일 기다리고 있었다

어리장수잠자리

나는 아버지로부터 실에 묶인
어리장수잠자리 한 마리
유산으로 받았다
자유로이 하늘을 날고 싶어도
무명실에 묶인 채
내 머리 위에서
동그라미만 그리는 어리장수잠자리,
나는 어리장수잠자리에게
가벼이 나는 법을 배우려고 하였으나
어리장수잠자리는 톱니 박힌 다리 하나 버리고
나로부터 도망가 버렸다

어리장수잠자리 숨어버린
저 깊은 허공의 숲,
나는 마흔 넘도록
잠자리채만 휘저었다

언제부턴가 나의 전부인
잠자리채 한 개,
그물망을 빠져나간 바람,

나와 어리장수잠자리를 잇고 있는
청자 빛 저 하늘

종이 달팽이

택배 직원은 산타 할아버지처럼
할부로 구입한 두 박스의 책
거실에 놓고 돌아갔다
저 책들 올 한 해 불고기처럼 뜯어 먹으리라
아이들은 책엔 관심도 없이
책을 비운 딱딱한 박스 안으로 들어가
보트놀이를 하다가
기차놀이를 하다가
갑자기 방안으로 들어가더니
저희들끼리 키득거리며
약속이라도 한 듯
꼽추처럼 등을 세우고
그 등에 박스를 얹고
작은 아이부터 아주 천천히
머리를 내밀며
문밖으로 기어 나오고 있었다
아이들이 웃지 않았다면
아내와 나는 아무 말 없이
티브이 화면만 응시하고 있었을 것이다
우리 집 권력자인 티브이를 껐다

아이들은 숨소리마저 죽인 채
낮게 엎드려
거대한 잎이 된 거실을
느릿느릿 기어오고 있었다

밤

빨간 그물망에 갇힌 햇밤 한 자루 샀다
저 녀석들 고슴도치 같은 제 옷 어디에 벗어두고
토실토실 살만 가죽에 가둔 채
콘크리트 바닥에서 하루 종일 입 다물고 앉아
할머니 치맛자락 가득 널려있는 가을햇살 끌어당기다가
저녁 무렵 자동차 트렁크 안에 갇히는 것인지
저 녀석들 더러는 칼로 가죽도 벗기고
더러는 쪄먹을 생각하니
집으로 가는 마음의 속도 가볍다
아이들은 와 밤이다 기뻐하고
아내는 웬 밤이냐 핀잔준다
그날 밤 수돗물에 씻긴 밤은 양은 찜통에 넣어졌다
뜨거운 김은 잔인하게 밤의 살 파고들고
뚜껑 사이로 밤의 영혼 빠져나가는 것이 보였다
와 맛있겠다, 근데 밤은 왜 밤 : 이야 밤도 있는데
일곱 살배기 딸아이가 나에게 화두를 던진다

저녁 어두운 때로부터 새벽 밝기까지의 동안 :
참나뭇과 갈잎큰키나무 암수 한 그루 6월에 흰 밤느정이 피며
가시 돋친 밤송이 9월에서 10월 사이 무르익는

밤과 밤은 서로 얼마나 아름다운 시어를 간직하고 있는가
모래성처럼 주저앉는 하루의 끝자락
피곤을 갈아주는 배터리 같은 그 밤에
밤을 먹으면서 밤과 밤을 가슴에 채우고
아내는 밤 속에 하얀 벌레가 있다고 투덜댄다
저 하얀 벌레는 밤 속에 제 집 짓고
여름 한 철 베짱이처럼 살 속에서 살았구나!
딱딱한 가죽 속 보드라운 살만 파먹는다면
그 겨우내 무얼 먹고 사려고
자궁 같은 밤 속을 스스로 들어갔을까

용접공의 노래

씨줄 날줄 먹줄을 따라
조각난 쇠붙이들
다시 손잡고
어허, 얼싸
어깨동무하고

벌건 알몸으로
대낮에도 몸을 섞는
쇠붙이의 그 진한 동영상

우리들은 언제쯤
불똥 튀기며
서로 달라붙는
그 달관의 사랑 한번 해보랴

바람이 분다
쇠붙이의 고열이 식고
용접봉이 지나간 자국마다
반달 문양의 새살이 돋아났다

이윽고
쇠붙이의 몸을 망치로 두들겨 본다
맑고 견고한 그 떨림,
인제 그들은 한 몸으로 운다

비 올 무렵

기적을 남기며
신의주를 향해
상행선 기차는 떠난다
비는 어느 기점에선가
옹골지게 내리고
신의주역까지는 달리지 못할
우리들의 녹슨 기차
차창으로 손을 흔들며
숨 가쁘게 가 보고픈
우리들의 축축한 마음
비 올 무렵 더더욱
나는 가만있지만
몇 번인가 그 기차를 타고
가 보았네 황량한 그 거리
자유에 굶주려 있는
그들도 비 올 무렵
하행선 기차를 타고
목포까지 와서는
역 근처 포장마차에서
세발낙지라도 씹으며

소주 한 잔 하고 싶은 것일까
바람이 분다, 비 올 무렵

흰 고래를 찾아서

오래전부터 그 놈 한 마리
내 손으로 잡고 싶었다
포경선에서 시간의 덫을 놓고
기억 속에서 희미하게 사라질 뻔한
ㅎㅡㄴㄱㅗㄹㅐ
나는 비문을 새기 듯
마음속 깊이 새겨놓았다
그 놈은 어느 먼 바다 밑
정말 살고 있을까 회의할 때
단숨에 분수를 품어내며
그 깊은 바다에서 허공으로 점프하는
기다리고 또 기다리던 그 놈,
그 순간 가늠쇠에 눈을 고정한 채
나는 방아쇠를 당길 것이다
석양 같은 피를 토해 내고
하늘 높이 솟구쳤다가 가라앉는 그 놈은
낡은 포경선을 들이받을 줄 모른다
나는 잽싸게 신선한 공기를 쏘아주고
뜬 눈인 그 놈은 바다만 바라본다
이제 나는 살아남아야 한다

심장에 작살이 꽂힌 그 놈은
한낱 고깃덩이에 불과하지만
윈치에 매달려 물구나무 선
백과사전에서나 본 듯한 그 놈을
제각기 신기한 듯 바라볼 것이다
갯바람에 단련된 나의 근육은
동판처럼 빛나고
나는 마스트 망대에 우뚝 서서
길게 휘파람을 불어본다
포경포에서도 휘- 휘-
그 놈을 부르는 소리가 난다

문신

나는 그날 신화탕 안에서 거대한 용을 보았다
상상 속 용이 욕탕에서 정말 꿈틀거리고 있었다
그 순간 나는 한참동안 제대로 숨을 쉴 수 없었다
나는 알몸인 채 거리로 뛰쳐나가
살아있는 용을 보았다고 고래고래 고함지르고 싶었다
사람들은 나를 보고 젊은 것이 안 되었다는 듯
동정의 눈길로 혀를 차다가 잠시 멈춰선 길에서 흩어질 것이다
나는 그의 몸에 물이 튀지 않도록 욕탕에서 조심스럽게 몸을 꺼내
나의 몸에도 혹 용 비늘이 묻지 않았나 보았다
그는 이제 혼자서 욕탕을 차지하고 있었다
욕탕 물은 보글보글 끓고, 저녁 안개 자욱하다
그가 몸을 움직일 때마다 잔잔한 파도가 출렁거렸다
누군가에게 눈 마주하는 것이 싫어서인지
그는 눈을 감았다 떴다 하면서 천장만 응시하고 있었다
그가 바라본 천장을 물끄러미 바라보았을 때
그 하늘엔 무수한 물방울 아롱다롱 박혀있고
금방이라도 별똥무리처럼 쏟아져 내릴 것 같았다
파란 먹물로 온몸에 용 벽화를 새긴 그는

제 몸에 그려진 용처럼 세상에서 가장 용감해지고 싶은 것일까?
아니 용처럼 무서운 사람이라는 것을 뽐내고 싶은 것일까?
욕망을 감춘 채 그의 몸에 용을 새긴 화가는
한 땀 한 땀 바늘로 살 속에 입묵하는 동안
벽화의 몸이었던 그가 고통을 참고 견디며
아름다운 벽화가 완성되기를 기도하였겠지
마오리 전사처럼 그의 온몸을 감은 용이 새겨지던 날
그는 또 다른 용을 찾아 불을 품어댈까?
그의 몸 어딘가에 용 발톱 같은 비수가 있는 듯하였다
나는 친절하게 등을 문대줄까요? 묻고 싶었지만
그에게 용 그림이 정말 훌륭하다고 말을 건네고 싶었지만
때를 벗긴 듯 만 듯 그 욕실에서 나와
옷을 입고 나서야 나는 안도의 숨을 내쉬었다
그는 안개 자욱한 욕탕 안에 그대로 몸을 담고 있었다
목욕탕에서 나오자 허공 가득 몰아치는 흰 눈보라
이젠 눈발이 어둠을 붙잡고 한 폭 그림을 치고 있었다

나의 우리에서

두부처럼 돌을 잘라 벽을 쌓고
디귿형강으로 기둥과 서까래를 얹었다
손수건만 한 창을 내서 쇠창살도 심었다
저 창으로 바람은 편지처럼 햇볕을 배달해 주리라
나를 묶고 있던 포승줄이 풀렸다
나는 작은 새장 같은 우리에 넣어졌다
이곳에 오기 전까지 얼마나 세상 관심에 골몰했던가
세상은 나를 관심 밖으로 밀어내고 싶었을 것이다
하루 세 끼 플라스틱 식판 찬밥을 비우고
먹은 만큼 똥과 오줌도 만들고
그 냄새와 애인처럼 아주 친하게 지냈다
새들의 감옥이 새장인 것처럼
물고기의 감옥이 어항인 것처럼
나는 이곳을 감옥이라 믿지 않았다
내 손톱이 조금씩 자랄 때마다
차디찬 벽에 손끝으로 벽화를 그렸다
낮은 곳부터 바를 정자는 탑처럼 올라갔다
희미하게 남아있는 시간의 비늘을
언젠가 고고학자들은 벗겨낼 것이다
나는 오랫동안 스포트라이트만 받으려고

진흙탕에서 무언인가 찾아 헤맸으나
끝끝내 아무것도 찾지 못하고, 우리에서
그때 찾던 것이 무엇인지 떠올려본다
조그마한 창으로 별빛 한 줌 잠입하여
마룻바닥으로 떨어져 뒹굴고
큰곰자리 일곱 개의 별만이
오랜 나의 친구들이었다

섬

날바닥에 그냥 버려진 것은 너만이 아니다
쪼그려 앉아 오지 않을 그 무엇을 기다리고
숱한 세월동안 또 기다린다 해도
그건 슬프거나 지겨운 일이 아니다
기다림 속에 무슨 약속이 채워질 듯한
그 차디찬 예감을 의지한 채
힘이 팔린 몇몇은 가라앉고
시력이 약한 몇몇은 눈을 감은 채
간혹 기다림으로 끝나지 않을 싸움인 줄 알면서도
기다린다는 것은
아직도 기다리고 있다는 것은

독순술

울 아버지 숨넘어가실 때
소리조차 낼 수 없어
파리한 입술 아주 천천히 움직일 때
무슨 말일까
무슨 말 남기고자 하는 것일까
하염없이 지켜보면서
나는 그만 소리 없이 울다가
아버지 숨 놓아버리는 것 보았네
너무 슬프고 너무 억울해
기억할 수도 없었던 흑백의 아버지
나 또한 불혹을 넘기고
아버지 숨 놓아버리면서
나에게 하였던 입술 떠올려보네
ㄴ ㅏ ㅇ ㅣ ㅈ ㄱ ㅗ
ㅈ ㅏ ㄹ ㅅ ㅏ ㄹ ㅇ ㅏ ㄹ ㅏ
ㅁ ㅣ ㅇ ㅏ ㄴ ㅎ ㅏ ㄷ ㅏ
마침내 해독한 아버지의 유언
비바람 그친 푸른 하늘에 새겨있네

어머니의 지문

어머니의 손가락 끝마디마다
아주 작은 산이 있다
이제는 산인지 구릉인지
그 선마저 희미하다
어머니, 왜 이리 손이 차세요
응! 누가 손끝까지 찾아오지 않아 그러지
이전엔 누가 손끝까지 찾아 왔을까?
아무 말 없이 아버지의 흑백사진만
물끄러미 바라보시는 어머니
언젠가부터 그 먼 바다에서
물갈퀴 같은 손바닥으로
쉼 없이 저어온 긴 항해
거친 물살은 선명한 등고선
닳고 지우게 하였는지
산도 골도 사라지고
융기도 지워진 손끝마디여!
흰 머리카락 듬성듬성한
어머니, 자꾸만 기억 놓아버리고
집 찾는 길 어려워하시는데
열 손가락이었던 우리들은

어머니의 밋밋한 산맥
다시 푸르게 할 수 있을까요

나무 옷걸이

달처럼 걸린 딸아이 털모자며
거대한 나뭇잎 같은 나의 외투
몸에 매달고 서 있는 겨울나무
어느 날 곤드레만드레 취한 나는
그의 가는 발가락에 오줌을 뿌려주었다
그는 나의 오줌을 먹고
나에게 몇 살이냐 물었다
불혹지년 되었다 답하니
그는 나에게 헛살았구나!
놀렸다, 나는 정말 헛살았던가
누군가를 위해 한 군데 오래 서서
양팔 들어준 적 없었으니
나는 그를 붙잡고
팔 내밀고 서서 사는 이유
물어보았다, 쿵하고
눈덩이처럼 낙엽이 떨어졌다
새벽녘 아내는 낙엽을 주어
그의 긴 목에 걸어줄 것이다
삭정이가 빠진 구멍에서
까막딱따구리 한 마리

방 안으로 날아오르고 있었다

선물

나는 디지털카메라가 내장된 휴대폰을 사면서
먼 데 나들이 가실 때 품고 다니시라고
어머니께 구형 휴대폰을 선물하였다
한번 시험 삼아 전화를 걸어볼 테니
벨소리가 나면 뚜껑을 열어 '여보세요' 해 보세요
나는 어린아이처럼 골목 어귀로 나가
한 번도 눌러보지 않았던 내 전화번호를 꾹꾹 눌러본다
엘리제를 위하여 피아노곡은 담을 넘고
누구세요, 누구세요……아, 허공으로
일흔다섯 어머니의 목소리가 배달되는구나
숨 가쁜 어머니 숨결도 들려오는구나
나는 전화를 마치고 집으로 돌아갔다
장남인 내가 백년손님 같다
어머니, 화면 위쪽 빗살무늬 표시가 사라지면요
충전기에 꽂아 놓기만 하면 되거든요
그것이 무슨 뜻이냐고 묻는 어머니
휴대폰은 전기를 먹고 사는 거예요
휴대폰 뱃속에 전기 가득 차면요
빗살무늬 표시가 가득 들어서거든요
근데 이 휴대폰처럼 나도 전기만 먹고 살 수 없나?

전기밥통 진득하게 껴안고 있으면
밥 먹지 않아도 배불렀으면 좋겠구먼
어머님도 참 하고 말끝을 흐렸지만
하루 세 끼 혼자 식사하는 것
얼마나 외롭고 쓸쓸하셨으면
그런 말 꺼내실까 생각하니 눈물만 핑돈다
두어 해 전 마당 가득 그늘을 만들던
감나무도 베어 내라 하시곤
난, 그늘이 싫다 투정하시던
어머니 속마음 이제 훤히 보인 듯하다

김

바다의 초록을 삼키고
식탁 위에 올라온
한때 파도였을 그의 정체,
나는 바다가 보고 싶으면
한 줄 천 원인 김밥을 먹었다
바다로 떠난 그대 보고 싶으면
김밥을 안주삼아 소주를 마셨다
초겨울 상심한 바다는
시들한 뭍만 바라보다가
괜히 갯벌도 짓이겨보고
바위도 건드려보겠지만
바다에서 풋풋했던 그들의 혼
다시 살아나겠느냐
그는 내 몸속으로 들어와
작은 바다를 이루고
진한 그리움만 풀어놓았다

3부

좋은 날

우리들도 있으랴
남에게 좋은 일만 해 주고
우리들은 좋은 날 없었으니
늘 좋은 일만 하여 천당은 가겠지만
지옥은 만원이고
천당은 텅 비어 있어
웬만하면 천당 가는 세상이라지
누군 좋은 날만 있고
누군 좋은 일만 하니
좋은 날 반기는 사람과
언제 술이라도 주거니 받거니 하여볼까
우리들은 좋은 날 없어
그래도 좋은 날 있기를
희망으로 살아가고
좋은 날만 터지는 사람은
더 좋은 날 터지기를 바란다지
날씨마저 몹시 궂은 날
허한 온몸 욱신거리는데
우리들도 좋은 날 있으랴
정말 좋은 일 생기랴

박씨

대동 경운기 녹슨 짐칸 가득 고철,
폐박스 신문지들 툴툴거린다
12월 찬 바람은 박씨의 뺨을 때리고
아직도 허섭스레기 줍느냐 빈정대고 있었다
담배 한 개비 입에 물고 연기 솔솔
고물상으로 가는 박씨의 마음은 그저 넉넉하다
옛것은 세월의 더께 위에 희미한 불빛으로 스러지지만
우리들은 사랑하는 사람 곁을 때론 떠나기도 하지만
버린다는 것이 그리 쉬운 일인가
잊어버린다는 것이 그리 쉬운 일인가
비록 보이는 것을 버렸으나
보이지 않는 것은 제 마음속에서
죽순처럼 무성하게 자랄 수도 있다는 것을,
우리들의 삶 뒤란에 쌓여진
우리들로부터 무수히 버려지는 것들
아무 말 없이 걷어 들이는 박씨
가끔씩 폐지로 수집된 고전도 읽고
뿌리를 드러낸 고목에게 물도 주고
우리들의 그늘 속에서 이삭을 줍는 일
우리들로부터 소외된 것, 버려진 것

수확하는 일 그리 쉬운 일인가
1980년대 어느 날이었던가
박씨는 길섶 풀 속에 버려진 M16
무심코 주워온 적이 있었다
박씨는 두어 차례 고문을 당하고
마른 풀이 되어 풀려났던 적 있었다
깊은 밤, 잠을 자다가도 비 오는 소리 나면
자식새끼 이불 덮어주듯
마른 폐지 위에 비닐 덮개를 씌어주는 박씨
비가 개면 마음까지 축축한 폐지
이리 펴고 저리 펴서 빨래처럼 널고
풀 먹인 모시처럼 빳빳하게 말려
폐지의 생애를 접어주는 바씨,
막걸리 한 사발로 시장기를 때우고
어린 자식새끼 같은 고철 폐지
재생공장으로 갔다가 밝고 환한 얼굴로
거듭나기를 주일마다 기도하고 있었다

염

그는 하얀 장갑을 끼고 환자의
온몸을 탈지면으로 닦았다
환자는 지긋하게 눈을 감고 있었다
환자의 가족들은 영문도 모르고
진한 울음만 타래박질 하였다
아주 오랫동안 환자를 보지 못한 딸은
환자의 손을 잡고 얼굴까지 비벼대었다
그는 수술대 위 알몸인 환자에게
아름다운 소원 하나를 건네고 있었다
환자의 가족들이 우는 소리 때문에
그의 소원은 별이 되었다
짧은 시간 동안 환자의 시술은 끝났다
그는 삼베로 된 노란 환자복을 입혀주고 있었다
환자는 처음 입어보는
빳빳한 옷을 입고도 즐거워하지 않았다
그는 환자의 발에 삼베로 된 신발을 신겨 주었다
환자의 손이 시리지 않도록 장갑도 끼워 주었다
얼굴에는 고운 분가루도 칠해 주었다
환자는 너무 좋아 누워있는 그 자리에서
금세 벌떡 일어날 것 같았다

한밤중 빠끔 열린 냉장고 문에서 찬기가 세어 나오듯
어디선가 찬바람이 스며들고 있었다
그는 어느 새 치료비를 달라고 하였다
그가 치료비를 받고나면 환자는 퇴원해야 할 것이다
환자가 퇴원하고 가는 곳은 어디일까?
아침부터 내리는 비는 가로수의 몸을 적시고,
땅을 적시고 환자가족들의 마음까지 젖게 하였다
나뭇잎들 환하게 웃는 날
숲으로 이사 간 환자의 집은 파란 싹 무성하리라

씨름

그래, 윗도리 벗어놓고
한판 붙어 보자야
너는 힘
나는 무릎치기
누가 오래 버티는지
샅바 단단히 잡고
정정당당
쓰러뜨려 보자야
까짓 누가 먼저 넘어진다 해도
모래가루 훌훌 털어버리면
힘겨루기야 한판 해학일 뿐,
살다보면 모래판이 아니라
진흙탕에서도 서로 엉켜
뒹굴기도 하고
깊은 수렁에서도
서로 삿대질 하는 것을
그래, 너와 나
삭신 다치지 않도록
둥그런 모래판 위에서
기술도 걸고

핏발 서도록
힘 한번 제대로 써 보자야

돌담

큰 놈 사이에 작은 놈
작은 놈 사이에 큰 놈
서로의 처진 어깨를 밟고
제 이끼 낀 삶 껴안은 채
긴 탑을 이루는 담,
땅은 자꾸만 낮아지고
뿌리를 드러낸 방풍림
바다에서 출발한 바람은
이따금 제 이마를 부딪쳐
돌의 경계를 찔러본다
무너지지 않으려고
앙다물고 살아온 지난날들
너무 아려 하나 둘 이가 빠지는
일곱 자식 바람막이였던
내 어머니 같은 저 돌담 틈새
오랫동안 안고 지켜 온
먼지 더께 위에
민들레 홀씨 뿌리내리고
햇볕을 향하여 손 흔들고 있다

모래폭풍

갈증 심한 모래폭풍이 온다
모래는 하늘 높이 떠서
춤을 추다가
윙윙거리다가
땅으로 곤두박질한다
언 밥을 먹어본 사람은
모래폭풍 속에서도
들숨날숨 잘 쉰다
마음속에 모래주머니
하나쯤 달고
모래폭풍 속을 걷다보면
내 몸도 놋쇠처럼
단련되는 것을
모래폭풍은 제 몸끼리
부딪쳐 소리를 내며
내몽골고원에서
나에게로 온다

물고기 나라

나는 잠수하여 물고기 집촌에 당도하였다
촘촘한 물의 망 서로 엉켜있어도
앞 가로막는 물풀 우거져 있어도
저마다 머리로 들이박아 길을 만들어
하염없이 멈춘 듯 헤엄치는
빠르고 느린 저 물고기들의 스크럼
나는 비록 물고기 나라에서 손님이지만
흐르는 물살에 나를 맡기고
나의 호적을 몰래 끼워놓았다
나는 어엿한 물고기 나라의 국민이다
물고기 나라에서는 투표가 없으므로
잘난 물고기에 대하여
잘난 척하는 물고기에 대하여
비교하는 고민을 하지 않는다
나는 아직 코와 입으로 물을 쉬지만
참빗 같은 아가미 성형을 하면
완전한 물고기로 변할 것이다
가끔씩 나는 뭍이 그립기도 하였다
그러던 어느 날이었을까
대 뼈다귀로 투명한 연을 만들어 달처럼 띄웠다

연은 물고기 나라 하늘 높이 치솟고
나는 그 연줄 꽉 붙잡고 있다가
물고기 나라 밖으로 떠오르고 말았다
그때 나의 부레는 터져 버렸다
인제 나의 아가미는 물고기 나라가 준 훈장이다
나는 뭍에서 들숨 날숨 거푸 쉬며
물고기 나라에서 입었던
물에 젖지 않는 은비늘 옷을 벗었다

상처

나의 손등에 가벼운 상처가 났다
날카로운 쇠붙이의 지나간 흔적이다
푸른 신경이 상처의 아픔 때문에
훌쩍훌쩍 울고 있는 것일까
살 속 작은 혈관 따라 흐르던 피
세상 밖으로 뛰쳐나오고
지혈로 막았던 흰 화장지에 활활 불을 지핀다
붉은 장미처럼 지는 저 피의 꽃잎,
이슥고 홍건한 피는 멎고
샛강에서 새어나온 핏방울
작은 단추처럼 손등에 붙어있다
어느 날 녹슨 쇳가루 같은 딱지를 떼어내자
상처의 작은 무덤처럼
부드러운 연분홍 살이 돋아 있다

딱딱한 외투

누군가 나무 외투 입고 간다
딱딱한 외투 입은 저 사람은
혼자 걷지도 못하고
제 모습마저 볼 수 없을 것이다
우리들도 한 번쯤 나무 외투를 입는다
나무 외투 입은 사람을
떠메고 가는 우리들은
잘 가라 뒤돌아보지 마라
워-워 합창한다
나무 외투에 달린 치장 나부끼고
나무 외투 입은 사람은
나무가 사는 산으로 간다
나무 외투도 언젠가는
온몸 요란하게 흔들리기도 하고
저 푸른 하늘 우러러
가슴 펼쳐 보았던 때도 있었으리
나무 외투 입은 사람은
인제 뿌리의 나라로 입적하여
가끔 지상의 나무들
그리워할 것이다

썩은 기둥

나이가 들면 석류석만큼이나
강해 보이던 이빨도 썩듯
내가 살던 우리 집 반세기 넘자
귀퉁이 기둥 썩어들고
금방이라도 들보 쏟아질 것 같았다
폭풍우 불어 닥치면
우리 집 쓰러질까 무섭다며
새우잠 자시던 어머니
얘야, 썩은 이빨 뽑고
내 틀니를 해 주었듯이
저 썩은 기둥 뽑아다오
뽑아야할 썩은 기둥이
어찌 우리 집뿐이겠어요?
나는 썩은 그 기둥 베어 내었다
이빨 빠진 듯 기둥 하나
없어진 우리 집
곧고 튼튼한 쇠기둥
틀니처럼 끼워 받치니
한쪽으로 기울던 우리 집
다시 반듯하게 일어서는구나

맑음

저녁 뉴스 일기예보를 듣거나
아침 신문 일기예보를 보거나
늘 흐림보다는 맑음이 좋다
날이 맑은 날은
내 마음이 맑아지려는 충동마저 느끼고
덩달아 맑아지는 온몸의 피톨
맑음이 때론 이렇듯 좋은 보약인 것을
짜증 기압골 불안 기압골 한 켠
그래도 든든한 맑음이 숨어 있었구나
맑은 가을 어느 날 해 어스름 무렵
내일도 이렇듯 맑아올까
왠지 불안하고 초조한
날씨에 대한 우리들의 믿음
우리들의 삶 늑골까지 점령한
흐림의 세력은 아직도 당당한데
맑은 아침 맑은 공기 맑은 생각
그 맑음의 넋으로
안개에 덮인 갈등의 무늬
가볍고 깨끗이 씻김 할
우리들의 한판 신명이여

뒷간에서

곰삭은 똥오줌
산비탈 외진
남새밭에 뿌리시는 아버지

뒷간 항아리 속 비워지면
풋풋한 똥 트림
가득 찬 그 동네

똥을 먹고도
아무 탈 없이
제 몸 부드럽게 하고
무랑 감자랑
살지게 한 땅

뒷간에 앉아
세상 구린내 · 지린내
잊고 있을 무렵
장대비 쏴 지나가고

나를 키운 서너 마지기 그 땅

산자락 바라보며
똥 짐만 기다린다

소금 감옥

플라스틱 코카콜라 병 허리를 잘라
투명한 원형 벽을 만들고
삼 년 묵은 천일염 두어 줌
흰 눈처럼 뿌려 놓았네
민달팽이 한 마리
또 한 마리 감금되고 있었네
요놈들 간해져라
어머니, 왜 그리 민달팽이 싫어하세요
네가 내 속을 어찌 알겠느냐
한밤중 비닐 장판 위를
스멀스멀 기어 다니는 그 놈
맨발바닥으로 밟았을 때
네 어미 골반 뼈 내려앉을 뻔한 적
몇 회인지 아느냐
생각만 해도 징그럽구나
해질 무렵 스테인리스 집게를 들고
제 집도 없이 제 집을 찾아
점점 느리게 세상 여행하는
민달팽이 체포하는 어머니,
태양의 혼 가득한

바다의 마른 눈물 가득한
그 소금의 하얀 방 안
잿빛 민달팽이 사리 반짝이고 있었네

등나무 밑에서

칼날에 긁힌 생채기는 아문 채
쇠기둥을 감고 감아 하늘을 가린
등꽃이 주렁주렁 열린 그 오월
목쉬어도 끝나지 않을 노래를 불렀네
너무 화창해 망망한 하늘을 향해
목 놓아 노래를 부르던 벗이여
이제는 혀끝에서만 맴도는 노래를 듣는가
새벽바람은 아직 차가운데
잃어버린 악보라도 찾고 있는가
아니 제 소리를 잊어버린 벗이여
겨울은 지나가고 참으로 그립구나
묵은 마음속에 묻힌 오월
개천가 무심히 피어난 민들레꽃 같은
지난 그 설렘은 여전하구나

깨어있는 자의 슬픔

얼마만큼 크나큰 슬픔인지
얼마만큼 깊디깊은 슬픔인지
알 수 없는 밤입니다
깊이 깨어있는 시간만큼
깊은 슬픔을 느낍니다
아름다운 슬픔 하나를 위해
즐거운 기쁨 하나는 버립니다
깨닫는 슬픔이
버리는 기쁨보다 클 때까지
자꾸만 기쁨을 버립니다
깨어있는 동안 나는
아름다운 산정에 서 있습니다
모든 기쁨이 신 아래 구름처럼
떠다니고 있습니다

탱자

탱자는 공자 · 맹자 · 노자 · 장자와
같은 품격의 군자라고 하는데요
전신에 단단한 가시 품고 있어
두려움도 없다는데요
탱자 울타리가 있는 그 집
개구멍 하나 있었는데요
죽도 떡도 왔다 갔다 하였다는데요
넓은 가슴 자랑이라도 하듯
바람이 불어도 희디흰 옥양목 꽉 문
그런 탱자 보기 힘든 세상
오지에서 겨우겨우 버티고
제 날카로운 가시 지키며 살아온 탱자
신토불이 향기로운 열매를 뽐내며
길거리에 나왔는데요
탱자 가시로 우리들의 무딘 가슴을 쑤시면
썩은 고름이 쏟아져 나올 것인가요
탱자 향으로 콧구멍을 후비면
정신이 번득 날 것인가요
제 가시로 제 아픈 가슴만 쑤셔대는
이 시대의 마지막 성자, 탱자여!

4부

산처럼 앉아

아침마다 집집마다 쓰레기는
무더기 쏟아져 나와
담 밑이나 전봇대 옆에 쌓였다
하루만 수거를 하지 않아도
도시는 쓰레기 속에 갇혔다
쓰레기가 소리 없이 시위하는 날
최루탄도 사용하지 않았는데
사람들은 마스크를 쓰고
쓰레기를 피해 걸어갔다
쓰레기는 아픔을 참고
진물 흘리며
더 썩기 전에 묻어 달라고
땅 속 깊이 묻어 달라고
산처럼 앉아 시위하였다

불이 되는 힘

엔진 오일은 제 생명을 다하고도
다시 기름으로 태어나
제 몸을 불태우는 것을
목욕물을 데우고
무쇠를 녹이고
방을 따뜻하게 만드는
검고 다 닳은 폐유
기름은 제 생명을 잃고서도
우리들에게 제 몸 바치는데
우리들은 기름을 위하여
무엇을 했는가
언젠가 성난 폐유
바다 위에서 시위하고
바다 속 물고기들은
물 위로 주둥이 내밀며
한 떼 데모하는 광경
폐유의 반란을 원망하지 마라
아픔에는 이유가 있느니
검은 폐유도 때론
맑고 깨끗한 기름으로

다시 태어나
시인의 방 불 밝히는
등잔 기름이 되고 싶음을

구두 수선공

구두처럼 지상을 떠돌던 그는
이제 구두 피부과 전문의
그가 몹시 힘들 때는
휘파람을 불며 구두를 닦는다
우리들이 살아온 길을
쉼 없이 함께 걸어 왔을
이미 기력을 다한 각양의 구두가
그의 손에서 다시 태어난다
검은 가죽 구두 사내들의
말 못할 어둔 사연도
반짝반짝 닦아낼 수 있을까
검은 것을 더욱 검도록 빛나게 하는 것
그의 소중한 비밀은 어디서 오는가
검푸르죽죽한 피부가 빛나고
번들거리는 구두의 표면에
도시의 상쾌한 얼굴들이 현상된다
숲 속의 작은 암자
목탁을 두드리며 경전을 외우듯
그는 구두에게 검은빛을 공양하고 있었다

문상

장례예식장 호실 입구마다
산 사람 태워온 신발 가득하다
죽은 사람에게 넙죽 절하고
산 사람들끼리 상 받는다
스티로폼 접시에 콩가루 인절미
스티로폼 접시에 칠레산 홍어
스티로폼 접시에 돼지고기
스티로폼 그릇에 쌀밥
스티로폼 국그릇에 콩나물국
플라스틱 숟가락 나무젓가락
종이컵에 맑은 소주 부어
자–한 잔씩 주–욱
죽어서 천당 가는 길
스티로폼처럼 가벼웠으면
유리창 밖 풀풀 날리는
스티로폼 가루 같은 꽃샘 눈발들

지붕에 대한 기억

나는 아버지의 손을 잡고
지붕으로 올라가는 사다리
한 해 한 번씩 오른 적이 있었다
한 층 한 층 지붕 위에 올라서면
대나무울타리 안에서
고양이와 숨바꼭질하는 닭
금세 찾을 수 있었고
머리 맞댄 지붕과 지붕 밑
붉은 마당은 방죽처럼 보였다
썩은 이엉 벗겨내고
새 이엉 두르시는 아버지
날줄 씨줄 엮어지는
새끼줄 잡아주면
드디어 마감되는 거북등
내친 김에 용마름 타고
청용산 용연저수지 한 바퀴
훨훨 날아보고 싶었다
그 겨울, 바람은 씩씩거리며
거북등짝 두들겨 때리고
함박눈은 마을을 난장이로 만들었지만

나는 하늘 닿는 나무를 찾아
하늘로 가는 기찻길 만들고
우주 플랫폼인 지붕에서
상행열차를 기다리고 있었다

꽃상여

한때 선장이었던 그는
어군 몰려있는 망망대해
떠다니는 작은 섬이었다
폭풍은 배를 갈잎으로 알았을까
까짓 이쯤이야
배의 기관은 심하게 콜록거리며
어둔 밤 등대를 찾아
줄달음하였을 것이다
바다가 잠잠한 새벽 무렵
그는 싸늘한 고기처럼
하얀 모래톱에 떠밀려왔다
이미 굳게 입을 다문 그는
구박만 하였던 할망구
엄청 사랑했노라 고백하고
토끼 같은 아이들에게
마음의 상처만
유일한 유산으로 남겼구나
인제 얼마나 먼 길 떠나려는지
그를 태우고 갈 꽃상여
울긋불긋 매달린 종이꽃들

붉은 장미 넝쿨이며
깨금발 선 나팔꽃에게
잘 있어라 당부하고 있었다

조피볼락 한 마리

나무 도마 위에서 조피볼락 한 마리 파닥인다
이 놈은 바다 속에서 정말 자유로이 살았을까
그러다가 싫증나서 미늘에 낀 것일까
통발에 갇혀버린 것일까
이 놈 숨통 떨어져 나가고
꼬리, 지느러미 도막나지만
아무래도 나는 평생 이 놈이 품었던
바다의 몸뚱이 안아볼 수 없으리라
이 놈 살 한 점 초장에 찍고
초록 잎에 놓아 입속에 넣는다
이 놈의 영혼 다시 살아 나에게
한 점 바다의 자유를 주었으면 좋겠다
바다에서 유영하였을 이 놈 뼈는
인제 딱딱한 가시가 되었으나
자유를 사랑한 이 놈은
살점마저 쫄깃쫄깃 부드럽고
뼈 속 힘마저 국물에게 헌납한다는 것
나도 이 놈 인생만큼 살았으면 좋겠다

쇠창살

검찰청 3층 화장실에서 오줌 누는 창밖
또 하나의 쇠창이 있다
저 창은 바람도 솔솔 넘나들고
나비들 거미들 마음대로 드나들 수 있다
벌집 문양 쇠창 너머 전봇대 꼭대기
얼기설기 지어놓은 까치집도 보이고,
거대한 파도처럼 출렁이는 대밭도 보인다
언젠가 검찰청 고층 화장실에서 오줌 누다가
유리창 밖으로 몸을 던져버렸다는 뉴스도 있었다
그 사람은 스스로 새라고 생각하였을까
그는 흰 가루가 되어 새의 밥이 되었을 것이다
단단한 죄를 빨아내는 꿀벌 같은
검찰청 안에서 일하는 사람들
쉬이 들어오지도 마라
쉬이 나가지도 마라
입 크게 벌리고 검찰청을 지키는 쇠창
누군가 피우다만 담배꽁초에서
향처럼 피어오르는 연기
쇠창 사이로 자유로이 빠져나가고 있다

푸른 바닷물

저희들끼리 서로 싸우다가
이리 터지고 저리 치이는 동안
왕모래가 깨지고 깨져
떡가루 모래가 되었다
인제 모래는 서로 부딪쳐도
상처마저 생기지 않았다
시퍼런 멍도 들지 않았다
어느 날 사나운 바람은
난바다에서 뭍 가까이 모래를 바래다주었다
물뭍의 경계에서 다시 손을 잡고
한 몸처럼 모인 고운 모래알
꽃잎처럼 가벼이 흩날리고서야
비로소 모래는 알 것이다
바닷물이 저토록 푸른 이유
저희들끼리 서로 싸우면서
하염없이 흘린 눈물 때문인 것을

붕어빵

무쇠빵틀에서 갓 태어난 붕어빵
물도 없이 종이어항에 담아
다섯 마리에 천 원,
나는 그 붕어들
입속에 방생한다
구불구불한 창자 속
눈알 빠질 듯 구경도 하고,
어두운 위 속에서
온천욕도 즐기고,
나는 붕어빵을 먹었지만
붕어들은 제 뱃속 팥을 꺼내 먹었는지
항문으로 빠져나온
그들의 얼굴색이 불그스레하다
저 붕어들,
다시 강으로 돌아가리라

해안초소

해안선 철책을 따라
그리운 뭍 소식 챙겨듣고
멀리 되돌아가는 썰물
저들에게 발기된 부리 겨누다가
우리들은 젊음만 불태웠다
그러나 누구든 함부로
음흉한 생각은 하지 않았다
때론 밤하늘의 별만
내 마음속 깊은 곳까지 내습
반짝반짝 놀다갔었다
더러는 늑골까지 찬 바람이 찾아와
템포 빠른 노래를 부르곤 하였다
무동력 배의 선수 밑에서
파도는 철썩철썩 스스로 보채다
제 힘에 겨워 철수하였다
눈 오는 밤이면
조타실에서 여자 배꼽무늬
딱딱한 건빵을 먹었다
양은 반합에서 끓어오르던
붉은 기름 묻어있는 라면으로

이른 새벽 공복도 메웠다
아직도 내 기억 속 물뭍
툴툴거리는 나의 배
얼마나 더 긴 세월이 지나야
나의 배는 닻을 내리랴

바다의 형제

바닷물은 제 몸 말려
하얀 소금도 만들고
제 온몸 부대껴
단단한 모래도 만드나니
보아라, 땡볕 아래 눈 같은
소금의 덩어리
어느덧 다시 녹아
우리의 식탁에 오르고
보아라, 끝도 없는
모래밭
어느덧 다시 뭉쳐
고층 빌딩이 되는구나
바람이 불면
바닷물은 제 몸 출렁거리며
뭍으로 기어오르려고 하는
그 이유 알겠느냐?
바닷물은 가끔씩
자식 같은 소금
의붓자식 같은 모래
잘 사는지

안부가 그리운 것이다

새우 떼를 그리워하다

어망에서 걷어 올린 새우들
날카로운 창 들이밀고
문드러져 구리한 냄새라도 풍기며
끝끝내 저항이라도 할까봐
어부들은 생새우 몸뚱이마다
천일염을 뿌렸다
하얀 새우들 파닥이다가
맥없이 숨을 멈추었다
몸부림 한번 제대로 못하고
어창에 쓰러져 깊은 잠을 자는
등이 굽은 새우들
어부만큼이나 고단한 목선들
송도 선착장에서 몸을 풀고
크레인에 목이 물려 처녀 착륙하는
새우의 즐비한 관들
누군가는 새우 가득한 저 관들
슬픔도 잠시 잊어버린 채
노제도 없이 토굴 속에 매장할 것이다
해발 15층 아파트까지
소포처럼 배달된 놀빛 돼지족발

그 돼지 발자국 따라 온
눈동자 까만 새우들
나는 돼지족발 한 점
새우 몇 마리 초록 잎에 싸서
목구멍에 넣었다
뱃속 바다로 잘 가라고
캬– 소주 한 잔 들이붓고
그날 밤늦게 내 뱃속에서 살아난
새우 떼,
불현듯 바람은 심하게 불어오고
바다의 머리칼은
심하게 헝클어지고 있었다

시집

나무로 빚어진 시의 집을 보다가
하얀 기와와 기와 사이에서
오랫동안 잉크 냄새에 중독된 채
짓눌러있는 바람의 미라를 보았다
페이지 한 장 한 장 넘길 때마다
눈뜨고 자던 미라가 깨어났다
천 년의 잠에서 깨어난 미라의 하품
행과 연 사이를 미라가 새처럼 날았다
시어들은 옹기종기 모여
불현듯 굵은 활자의 어미를 찾았다
이미 시의 집에서 버림받은
쉼표와 느낌표와 마침표
그들이 스르르 잠든 오후
미라는 언제부터 화가 났는지
강시처럼 목책만 흔들어대고
포도넝쿨마저 흔들고 있었다
시의 집에서 뛰쳐나온 어린 시어들
무서움도 없이 두려움도 없이
앉은뱅이책상 위에 앉아
입 다문 채 시위하고 있었다

산물

산에서 졸졸졸 흐르는 물
그대 가슴으로 안아 보았느냐
산은 산대로 물을 붙잡고,
뿌리는 뿌리대로 물을 붙잡고,
돌은 돌대로 물을 붙잡고,
모래는 모래대로 물을 붙잡는다
산을 내려오는 동안
물의 옷 다 벗겨지고
벌거숭이 되었어도
신명난 물의 웃음소리
그대여, 마음의 누더기
솔솔 벗고
맑고 두멍한 저 산물로
옷 한 벌 짜서
입어 보겠느냐

날개

나는 지상에서 하늘로 날 수 있는
가볍고 튼튼한 날개를 만들어
움푹한 겨드랑이 밑에 붙여놓았다
그러나 날개는 움직이지 않았다
날개를 움직일 만큼
나의 어깻죽지가 강하지 않았다
목도 가늘지 않았고
다리도 늘씬하지 않았다
바람은 등을 밀어
힘껏 날아보라 재촉하지만
하늘은 제 몸에 안겨보라 꼬드기지만
나의 날갯짓은 땅을 치고
하늘로 솟구칠 수 없었다
공중에 집을 짓고 사는 새들은
제 마음의 무게 털처럼 가벼워
바람 소리 따라
나무에서 하늘로
하늘에서 나무로
쉽게 뜨고 가라앉지만
나는 날고 싶은 하늘만 탐할 뿐,

나의 무게를 버리지 못하고

하염없이 날개만 퍼덕이고 있었다

해설

빛나는 詩眼, 따뜻한 가슴으로 세상 건너가기

허형만(시인 · 목포대 교수)

우리가 세상을 살아가면서 가장 고마운 일 중 하나는 따뜻한 가슴을 가진 사람과의 만남이다. 더욱이 이 따뜻한 가슴을 가진 이의 세상 바라보기가 따뜻하게 시로 나타난다면 더할 나위 없는 행복이 아닐 수 없다. 우리가 시를 읽는 이유는 그 시인의 유치한 넋두리나 지저분한 감정을 들어주기 위함이 아니다. 또한 그 시인의 횡설수설로 머리가 띵해지기 위함도 아니다. 우리가 시를 읽는 이유는 오직 시를 쓴 자와 읽는 자가 따뜻한 가슴으로 세상을 함께 건너가기 위함이다. 그래서 마르틴 하이데거는 "언어는 말한다"고 말한다.

바로 여기에 서용기 시인의 시가 자리한다. 그의 시는 전반

적으로 따뜻하다. 다소 거친 듯해 보이면서도 읽고 나면 왠지 마음이 훈훈해진다. 그만큼 그의 세상 바라보는 눈이 맑다는 것을 알 수 있을 것 같다. 먼저 「징검다리」를 보자.

징검다리를 건너다
어지러운 물길 속
별처럼 박혀있는 징검돌을 보았다
물이 자꾸만 떠밀어내도
제 자리를 지키고
물결이 너무 고와
돌의 고통 환히 보인다
저들도 깨지면 떠내려 갈 것을
하나로 단단히 뭉쳐
제 무게로 버티며
물속 길이 되었구나

최근에 나는 이 시처럼 맑고 깨끗한 작품을 별로 본 적이 없다. 대부분 기교에 치우치거나 호들갑을 떠는 작품들이 난무하는 판에서 이 시는 참 환하다. 동시에 따뜻하다. 징검다리를 건너면서 본 서용기 시인만이 볼 수 있는 시의 눈. 나는 이런 시안詩眼이 있는 시를 좋아한다.

계간 시 전문지 『시안詩眼』은 '시안'을 이렇게 설명한다. 첫째, 詩를 볼 줄 아는 안목과 식견 둘째, 漢詩에서 잘 되고 못 됨을 결정짓는 중요한 글자 셋째, 시를 논평할만한 안목이라고.

여기에서 첫째의 “시를 볼 줄 아는”이라는 대목은 “우주 속의 모든 사물을 볼 줄 아는”이라는 의미도 내포한다.

이 첫째 항목에 합당하려면 우선 시인 자신이 겸손해야 한다. 낮출 수 있는 데까지 최대한 자신을 낮추어야 한다. 그래야 “어지러운 물길 속/별처럼 박혀있는 징검돌”을 볼 수 있지 않겠는가. 징검돌이 “별처럼 박혀” 있다니. 이 번득이는 시인의 눈빛이 부럽지 않는가. “저들도 깨지면 떠내려갈 것을” 아는 “돌의 고통”까지도 환히 보이다니. 시인의 안쓰러워하는 마음이 도리어 따뜻하다.

시안에 관해서 말이 나왔으니 말이지만, 최근에 내가 운영하는 〈목포현대시연구소〉에서 초청한 오탁번 시인은 특강 자리에서 이렇게 말한 적이 있다.

> 시를 시이게 하는 글자나 요소를 뜻하는 詩眼이 한시에만 있는 것이 아니라 현대시에도 있다고 할 수 있다. 부처님을 모실 때에도 點眼이 가장 중요하듯 시에는 시의 눈이 있다고 나는 믿고 있다. 그 말이 그 자리에 있지 않으면 한 편의 시로서 생명을 얻을 수 없는 바로 그 말 하나! 이것이야말로 한 작품의 빛나는 눈이 아니고 무엇이겠는가. 그래서 나는 우리 말이 지닌 신비하고도 넉넉한 뜻을 제대로 살리지 못하고 그냥 대충 소감이나 주장을 설파하는 시는 싱거워서 못 읽는다.

그렇다. “제 무게로 버티며/물속 길이” 된 징검다리를 건너면서 시인은 반짝이는 시안으로 “별처럼 박혀있는 징검돌”을 본 것이다. 이러한 서용기 시인만의 시안과 따뜻한 가슴은 「달팽이」에서도 "제 몸 오므렸다 폈다 하는 동안/허공에 떠 있는 돛배 같은/ 초록 잎에 도착했"다고 드러난다. 달팽이 한 마리가 초록 잎에 도착하기까지가 문제인데, 그러기 위해서 달팽이는 "땅에서 나무까지/나무에서 잎까지" 그 오랜 "적요"를 견뎠기 때문이라고 시인은 믿는다. 이 "적요"는 곧 달팽이가 마침내 초록 잎에 도착하기까지 달팽이로서의 역동성을 꿰뚫어 본 시인의 통찰의 결과물에 다름 아니라고 생각한다. 여기에서 '역동성' 이란 시인의 역동적인 언어구성을 의미하기도 한다. 다음 시를 보자.

날카로운 부리로
제 온몸을 쑤셔대곤
허공에 전신을 맡겨
바람으로 몸을 헹구는 새
색 고운 깃털
사방을 키질하는 날개
그 정갈함
우리들은 품으로
더운 물에 몸 불리고
때를 밀며
비누칠을 해도
마음의 때는 다 어쩌지 못하는데
속과 겉의 때

나뭇가지에 앉아 있을 때마다
부리로 쪼아
바람 속에서 몸을 헹구고
하늘을 날아가는
나는 허공에서
목욕하는 새를 보았다

—「새의 목욕」 전문

시인은 "허공에서/목욕하는 새를 보았다"고 말한다. "허공에 전신을 맡겨/바람으로 몸을 헹구는" 바로 그 새인 셈인데, 이 새의 목욕과 사람의 목욕이 대칭을 이루면서도 묘하게 상관성과 통합의 역동적 기호로 읽힌다. 이미 티냐노프는 문학을 한마디로 '역동적인 언어구성' 이라고 정의한 바 있다.

이 시의 역동성은 "바람으로 몸을 헹구는 새"에서 "바람 속에서 몸을 헹구"는 새로 초시간적인 흐름의 중복에 있다. 이 초시간적인 흐름의 중복은 "나뭇가지에 앉아 있을 때마다" "속과 겉의 때"를 "부리로 쪼"는 새의 행동에서 구체적으로 드러나는데 사람의 목욕과 대비를 이루면서 더욱 역동성을 발휘한다. 시 「뿌리의 나라」에서도 같은 이미지가 발견된다. "단단한 지층에서 바람이 분다/뿌리는 술처럼 바람을 마시고/어허, 얼싸 춤을 춘다/세상 밖 몸뚱이도/제 몸 흔들어/한동안 궁금했던/뿌리의 안부를 묻는다"가 그렇다.

이러한 서용기 시인의 역동적인 언어 구성은 앞에서 말했듯 시인이 가져야 할 덕목, 즉 우주에 대한 따뜻한 시선이 함께 존

재함으로써 가능하다. 다음 시를 보자.

큰 놈 사이에 작은 놈
작은 놈 사이에 큰 놈
서로의 처진 어깨를 밟고
제 이끼 낀 삶 껴안은 채
긴 탑을 이루는 담,
땅은 자꾸만 낮아지고
뿌리를 드러낸 방풍림
바다에서 출발한 바람은
이따금 제 이마를 부딪쳐
돌의 경계를 찔러본다
무너지지 않으려고
앙다물고 살아온 지난 날들
너무 아려 하나 둘 이가 빠지는
일곱 자식 바람막이였던
내 어머니 같은 저 돌담 틈새
오랫동안 안고 지켜 온
먼지 더께 위에
민들레 홀씨 뿌리 내리고
햇볕을 향하여 손 흔들고 있다

—「돌담」 전문

이 시가 우리에게 의미 깊게 읽히고 있는 것은 "돌담"과 "어머니"의 동일성 이미지에 있다. 이 모성애적 이미지는 마지막 두 행 "민들레 홀씨 뿌리 내리고/햇볕을 향하여 손 흔들고 있다"에서 완결된다. 물론 이 완결 이미지의 뼈대는 세월의 바람에 점점 허물어져 내려가는 돌담과 "무너지지 않으려고/앙다물고 살아온 지난 날들/너무 아려 하나 둘 이가 빠지는/일곱 자식 바람막이였던/내 어머니"가 대비이다. 이러한 대비를 뼈대로 전혀 다른 두 모습을 하나의 이미지로 동일하게 보여줄 수 있는 시인의 힘은 그 허름한 돌담 사이에서 싹 틔운 민들레와 햇볕의 조화에 있다. 시인의 우주에 대한 시선이 얼마나 따뜻한가를 보여주는 단적인 예이다. 이처럼 우주에 대한 따뜻한 시선은 시집 전반에 흐르고 있는 연민의 정을 동반한다.

약사사 대웅전 윗목에서
눈뜬 듯 눈감은 듯
찾아오는 사람들을 반기고 있었다
그는 처음 찾아오는 사람을 보아도
이미 어디선가 만났었다는 듯
그 사람의 안부를 묻고
그 사람의 소원을 듣는다
그를 찾아오는 사람들은
할 말 못할 말
말로 쏟아놓고
안개처럼 사라지곤
그들이 남긴 말 때문에

긴 밤 잠 못 이루고
뜬눈으로 지새운 날도 많았다
약사사 대웅전 윗목에서
미련하나 끝끝내 쓰러지지 않는 그를
사람들은 미륵이라 말했다

—「석가여래」 전문

남의 말을 들어준다는 것, 특히 아픔과 쓰라림 그 어떤 고민까지도 모두 들어준다는 것은 참으로 힘든 일이다. 그래서 종교가 존속하는 이유일 터이지만 이 시는 "약사사 대웅전 윗목"에 자리한 석가여래에 대한 연민과 그 석가여래를 찾아와 "할 말 못할 말/말로 쏟아놓고/안개처럼 사라지"는 사람들에 대한 연민을 함께 드러내고 있다. 이 연민의 정은 "뿌리의 집을/하염없이 방문하는" 눈송이(「뿌리의 집」)라든가 "가끔씩 멍석만 한 햇빛을 바라보며/하늘에게 바다의 안부를 묻기도 하"는 멸치액젓(「멸치액젓」)이라든가 "빈 마당에서 장승처럼 서"서 "오랫동안 푸른 산만 응시하고 있"는 시세를 통해서도 나타나고 있다. 특히 이러한 모든 생명에 대한 시인의 연민의 정은 어머니를 통해서 더욱 두드러지는데 「어머니의 지문」이나 「선물」이 그러하다.

어머니의 손가락 끝 마디마디마다
아주 작은 산이 있다
이제는 산인지 구릉인지

그 선마저 희미하다
어머니, 왜 이리 손이 차세요
응! 누가 손끝까지 찾아오지 않아 그러지
이전엔 누가 손끝까지 찾아 왔을까?
아무 말 없이 아버지의 흑백사진만
물끄러미 바라보시는 어머니

—「어머니의 지문」 부분

전기밥통 진득하게 껴안고 있으면
밥 먹지 않아도 배불렀으면 좋겠구먼
어머님도 참 하며 말끝을 흐렸지만
하루 세 끼 혼자 식사하는 것
얼마나 외롭고 쓸쓸하셨으면
그런 말 꺼내실까 생각하니 눈물만 핑 돈다
두어 해 전 마당 가득 그늘을 만들던
감나무도 베어내라 하시곤
난, 그늘이 싫다 투정하시던
어머니 속마음 이제 훤히 보인 듯하다

—「선물」 부분

어머니는 곧 우주이다. 어머니라는 우주 속에는 슬픔과 기쁨과 회한이 함께 상존한다. 이 점을 누구보다 더 통찰하고 있는 시인은 시 「어머니의 지문」에서 어머니의 지문을 "어머니의 손가락 끝마디마다/아주 작은 산이 있다"고 보았다. 이 기막힌 미

시적 통찰은 곧 어머니의 지나온 한 생애로 이어져 "이제는 산인지 구릉인지/그 선마저 희미하다"고 회한의 정을 표한다. 어머니에 대한 이 회한의 정은 물론 흑백사진으로만 존재하는 아버지에 대한 어머니의 한없는 그리움과 "자꾸만 기억 놓아버리고/집 찾는 길 어려워하시는" 어머니에 대한 자식으로서의 연민에 다름 아니다.

이처럼 자식 된 도리로서의 어머니에 대한 연민은 구형 휴대폰을 선물하는 데서 더욱 구체화 된다. 한 편의 소설과 같은 「선물」은 참으로 눈물겹다. "하루 세 끼 혼자 식사하는 것"이 "얼마나 외롭고 쓸쓸하셨으면" "전기밥통 진득하게 껴안고 있으면/밥 먹지 않아도 배불렀으면 좋겠구먼" 하고 독백하시는 어머니. "두어 해 전 마당 가득 그늘을 만들던/감나무도 베어내라 하시"며 "난, 그늘이 싫다"고 투정하시는 어머니. 그뿐인가. "무너지지 않으려고/앙다물고 살아온 지난 날들/너무 아려 하나 둘 이가 빠지는 일곱 자식 바람막이였던"(「돌담」) 어머니, "폭풍우 불어 닥치면/우리 집 쓰러질까 무섭다며/새우잠 자시던"(「썩은 기둥」) 어머니. 이 어머니에게 휴대폰이 얼마나 유용할까마는 시인은 그래도 어머니의 안위가 걱정되어 휴대폰을 선물하면서 사용법을 가르쳐주고 돌아와 "장남인 내가 백년손님 같다"고 탄식하니, 요즘 세태에 이만한 자식이 어디 또 있을까 싶은데, 바로 이러한 마음이 곧 시인의 마음이라 생각하니 가슴이 저리다.

이처럼 서용기 시인은 깊고 아늑한 시안詩眼으로 어머니를 비롯한 우주의 모든 살아 숨쉬는 것에 대해 따뜻하게 어루만지고 있음을 본다. 요즘 한국 시가 비비꼬거나 몽유병자처럼 횡설수설하며 제 정신을 잃어가고 있다고 본다면 서용기 시인처럼 진솔하면서도 따뜻한 가슴으로 세상을 바라볼 줄 아는 시인이 있다는 것은 얼마나 다행스러운 일인지 모를 일이다. 끝으로 여기 「문상」이라는 시를 통해서도 왜 서용기 시인이 우리가 기억해야 할 따뜻한 가슴의 시인인지 음미해볼 필요가 있으리라.

장례예식장 호실 입구마다
산 사람 태워온 신발 가득하다
죽은 사람에게 넙죽 절하고
산 사람들끼리 상 받는다
스티로폼 접시에 콩가루 인절미
스티로폼 접시에 칠레산 홍어
스티로폼 접시에 돼지고기
스티로폼 그릇에 쌀밥
스티로폼 국그릇에 콩나물국
플라스틱 숟가락 나무젓가락
종이컵에 맑은 소주 부어
자– 한 잔씩 주–욱
죽어서 천당 가는 길
스티로폼처럼 가벼웠으면
유리창 밖 풀풀 날리는
스티로폼 가루 같은 꽃샘 눈발들.

마음의詩 13

금빛돌비늘의 때

초판인쇄 2007년 1월 25일
초판발행 2007년 1월 30일

지 은 이 서용기
펴 낸 이 김충규
펴 낸 곳 문학의전당
출판등록 제387-2003-00048호(2003년 9월 8일)

주 소 152-841 서울특별시 구로구 구로 6동 97-1 로얄프라사 206호
전화번호 02-852-1977
팩시밀리 02-852-1978
홈페이지 mhjd2003.com
전자우편 mhjd2003@naver.com

ISBN 978-89-91006-54-6 03810